Thomas Schwartz

Segen voller Leben

Thomas Schwartz

Segen voller Leben

Gute Worte für alle Tage

HERDER

FREIBURG · BASEL · WIEN

Den Menschen meiner Pfarrgemeinde.
Sie sind ein Segen für mein Leben!

MIX
Papier aus verantwor-
tungsvollen Quellen
FSC® C083411

© Verlag Herder GmbH, Freiburg im Breisgau 2017
Alle Rechte vorbehalten
www.herder.de

Umschlaggestaltung: wunderlichundweigand, Stefan Weigand
Umschlagmotiv: © shutterstock 214282447

Satz: post scriptum, Vogtsburg-Burkheim / Hüfingen
Herstellung: CPI books GmbH, Leck

Printed in Germany

ISBN Print 978-3-451-37663-4
ISBN E-Book 978-3-451-81157-9

Inhalt

Der Autor

Prof. Dr. Thomas Schwartz, geb. 1964, ist studierter Theologe und Philosoph und lehrt Wirtschafts- und Unternehmensethik an der Universität Augsburg. Als Pfarrer in Mering liegt ihm die persönliche Begleitung seiner Gemeindemitglieder besonders am Herzen.

© Albert Niedermeyr

Vorwort

Das Vorwort für ein Segensbuch zu schreiben sollte eigentlich nicht Sache des Autors, sondern der Leser sein. Denn es geht bei jedem Segen um ihr Leben. Es geht um das Leben mit allen seinen Hoffnungen, Sehnsüchten und Wünschen, aber auch mit seinen Ängsten, Sorgen und Zweifeln. Segen und Leben sind nicht voneinander zu trennen. Sie gehören zusammen!

Gottes Segen beschränkt sich dabei nicht auf den Segen in der Kirche. Zu segnen ist auch nicht alleine Aufgabe des Priesters oder eines anderen kirchlichen Amtsträgers. Jeder Mensch ist eingeladen, Segen zu wünschen und Segensworte zu sprechen. Segen bezeichnet im Grunde nichts anderes als die Zusage guter Worte – in der Hoffnung und mit dem festen Glauben, dass nicht wir Menschen allein hinter diesen Worten stehen, sondern Gott selbst sie uns zuspricht.

Gottes Zusage, unser Leben zu begleiten, kennt keine Grenzen. Sein Segen begleitet uns Menschen vom Anfang bis zum Ende. Segensworte machen aus unserem Leben Geschichten der Vollendung. Sie sind in gewisser Weise Wegmarken der Liebe Gottes, Richtungspfeile, die jeder Biografie das Ziel anzeigen, zu dem sie unterwegs ist: zu Gott.

Dass dieser Gott selbst der Weg, die Wahrheit und das Leben ist (Joh 14,6) – daran sollen uns die guten Worte dieses Buches erinnern. Unser Leben ist so gesehen in der Tat das „Vorwort" eines jeden Segens.

Wir alle sind dazu eingeladen an diesem Vorwort mitzuschreiben.

Mering, im Mai 2017   *Thomas Schwartz*

Für den Tageslauf

Sonnenaufgang deiner Liebe

Wenn die Sonne aufgeht,
kann deine Liebe in meinem Herzen aufstrahlen.

Eine Liebe, die Müdigkeit vertreibt.
Eine Liebe, die Schwierigkeiten überwindet.

Eine Liebe, die Beziehung aufbaut.
Eine Liebe, die Sorgfalt einfordert.

Eine Liebe, die das Beste freisetzt.
Eine Liebe, die Vertrauen entwickelt.

Eine Liebe, die Lob aussprechen kann.
Eine Liebe, die klug ist in der Kritik.

Herr, lass mich heute
im Licht dieser Liebe leben.

Das Versprechen der Morgenröte

Am Anfang dieses neuen Tages
trägt die Morgenröte dein ewiges Versprechen zu uns,
denn mit der Sonne steigt auch die Hoffnung,
dass Licht die Dunkelheit allüberall vertreiben wird.

Mit dem Licht der ersten Sonnenstrahlen
fließen frohe Lieder vom Himmel
und im Morgennebel
ahnen wir deine Gunst für uns Menschen.

Wir hören Laute des Trostes,
die uns wach werden lassen
und aufmerksam
für die Schönheit deiner Schöpfung.

In jeder Morgendämmerung
erquickt uns ein Geschmack des Himmels,
der uns deinen Segen
und deine Nähe zu verkosten einlädt.

Beim Erwachen

Möge der neue Tag,
dessen Licht dich nun benetzt,
dich erholt und erquickt,
aus den Träumen der Nacht
ins Leben emporziehen.

Mögen dich Kraft und neue Energie
bis zum Abend begleiten.

Hab Freude an dem Tagewerk,
das er heute für dich bereithält.

Zufrieden und sinnerfüllt
sollst du dich auch in schwierigen Aufgaben
getragen fühlen.

Gute Worte sollen Säulen sein
für das Haus, das du heute baust.

Ein Lächeln sei das Fenster,
aus dem deine Seele den Menschen zuwinkt.

Gebe Gott, dass du am Abend dieses Tages
Sagen kannst:
Es war gut!

Vom Sonnenaufgang zum Sonnenuntergang

Sei dankbar für jede Nacht,
die mit dem Sonnenaufgang zu Ende geht.

Sei glücklich über jeden Traum,
der heute für dich Wirklichkeit wird.

Erfreue dich an jedem Freund,
der dir des Tags zum Seelenverwandten erwächst.

Nimm an jeden Schmerz,
über dem die Sonne untergeht.

Lebe jeden Augenblick ganz und gar,
den dir das Leben bereithält.

Der erste Blick auf den Tag

Der erste Blick, den du auf diesen neuen Tag wirfst,
möge dich erröten lassen
vor dem Wunder der Schönheit,
das Gott mit der Schöpfung verknüpft hat.

Er lasse dich jauchzen
über das Geschenk des Lebens,
das dir teilhaftig geworden ist.

Er lasse dich erfüllt sein
mit Kraft und Stärke,
damit du das,
was der Tag dir bringt
bewältigen kannst.

Er lasse dir die Hoffnung,
dass das, was heute nicht erreicht wird,
morgen erledigt werden kann.

Er lasse dich erkennen,
dass auf das, was unnötige Mühe
und unerfüllbares Streben ist,
mit Gelassenheit verzichtet werden kann.

Nicht selbstverständlich

Gott segne
dein Frühstück,
dein Mittagessen,
dein Abendbrot
und die kleinen Happen zwischendrin.

Keine dieser Mahlzeiten
sind selbstverständlich.

Danke für sie
und bitte Gott,
dass sie nicht zum Privileg weniger,
sondern zum Alltag
vieler Menschen gehören mögen.

Achtsam essen

Mögest du immer genug zu Essen haben
um satt zu werden.

Mögest du darauf achten können,
nur das zu essen, was dich nicht krank
oder unbeweglich macht.

Mögest du mit Lust, Genuss und Appetit
stets das essen können, was dir schmeckt.

Mögest du achtsam und dankbar
mit den Speisen umgehen,
die man dir bereitet.

Mögest du beim Essen nie vergessen,
Dank zu sagen, dass du essen kannst
und darum zu bitten,
dass alle Menschen
täglich genug zu essen haben.

Mahl-Zeit

In jedem gemeinsamen Mahl
verweist du uns auf das Ziel,
das du uns in deiner Güte schenkst.

Das Mahl sei mehr
als reine Nahrungsaufnahme.

Es möge die Zeit sein,
die wir mit anderen teilen.

Es möge die Zeit sein,
an jene zu denken, die hungern müssen.

Es möge die Zeit sein,
uns daran zu erinnern,
dass du dich selbst uns zur Speise gibst.

Segne diese Mahlzeit, oh Herr.

Für die Ernte

Danke für die Ernte,
mit der wir unseren Hunger stillen.

Danke für die kleinsten Samenkörner,
die wachsen können, um uns zu ernähren.

Danke für die vielen Farben und Aromen,
mit denen die Schöpfung uns täglich beschenkt.

Lass uns täglich an ihren Wundern erfreuen.
Lass sie uns als deinen Segen für unsere Leben preisen.

Ein Speisesegen

Gott segne diese Speisen
und die sie uns bereitet haben.

Er segne unseren Appetit
und helfe uns, ihn niemals zu verlieren.

Er segne unsere Tischgemeinschaft
und schütze uns vor Streit und Hader.

Er segne auch die Menschen,
die sich nach einer Mahlzeit sehnen.

Er helfe uns, daran mitzuwirken,
dass der Hunger in aller Welt überwunden wird.

Er segne die Tiere und die Pflanzen,
die uns zur Nahrung dienen.
Sie mögen von uns dankbar
und mit großer Würde behandelt werden.

Gott segne auch das Wasser,
ohne das es keine Mahlzeit gäbe.

Er helfe uns, bei Speis und Trank
jede Vergeudung zu vermeiden.

Am Abend

Gott schenke dir an jedem Abend
Gelegenheiten, für den Tag zu danken.

Gott schenke dir an jedem Abend
den Mut, dich für Falsches zu entschuldigen.

Gott schenke dir an jedem Abend
die Möglichkeit, dich zu versöhnen
mit dir, deinen Nächsten und mit ihm.

Gott schenke dir an jedem Abend
die Gnade guten Einschlafens.

Gotte schenke dir an jedem Abend
Träume, die dich schlafen lassen.

Gott schenke dir an jedem Abend
Vorfreude auf den nächsten Morgen.

Gott schenke dir an jedem Abend
eine gute Nacht.

Vom Segen der Nacht

Segne uns,
während wir ausruhen.

Erneuere uns,
wenn wir schlafen.

Sorge für uns,
wenn wir in süßen Schlummer fallen.

Du bist unser sicherer Hort.
Du bist der Gott der Gnade.

Du vergibst uns die Fehler des vergangenen Tages.
Du kennst unser Innerstes.

Du siehst unsere Gedanken,
Gefühle und Wünsche.

Du siehst auch unsere Müdigkeit
und fängst des nachts jede geweinte Träne auf.

Bleib diese Nacht bei uns und segne uns
zu erholsamer Ruhe.

Von Engeln bewacht

Möge diese Nacht
erholsam für dich sein.

Mögest du bewahrt bleiben
vor ängstigenden Träumen.

Mögen die Sorgen des Tages
in dieser Nacht von dir abfallen.

Mögest du diese Nacht
nicht mit Schmerzen oder Leid durchwachen müssen.

Mögen in dieser Nacht
die Menschen, die du liebst,
von Gottes Liebe behütet sein.

Mögest du in dieser Nacht
von Gottes Engeln bewacht sein,
die er dir zum Schutz gesandt hat.

Für alle Gelegenheiten

Am Morgen eines Arbeitstages

Herr,
ich stehe vor dir,
so wie ich heute bin.

Nimm weg von mir die Müdigkeit
und den Schlaf der Nacht.

Lass mich meinen Arbeitstag
inspiriert und voller Zuversicht beginnen.

Hilf mir, neue Wege zu finden
um Probleme zu lösen.

Halte mich aufmerksam und konzentriert
bei den Aufgaben,
die ich heute zu erledigen habe
und segne mich,
damit ich nicht schuldhaft dabei versage.

Zum Glück berufen

Dein Vaterherz, oh Gott,
ist voller Weisheit, Wahrheit und Liebe.

Du führst uns,
damit wir die Schönheit der Schöpfung
zu genießen vermögen.

Du begleitest uns,
damit wir jeden Tag mit Liebe in unseren Herzen
erleben können.

Du lehrst uns,
was es heißt, glücklich zu sein.

Sei bei uns mit deinem Segen.
Lass uns in deiner väterlichen Obhut frei werden
für das Glück,
zu dem du uns berufen hast.

Auf dem Weg zur Arbeit

Möge dein Weg zur Arbeitsstelle
sicher und ohne Unfall sein.

Wenn du im Auto sitzt,
dann hab Geduld.
Versuche Staus und rote Ampeln
als Gelegenheiten zu sehen,
um nachzudenken über das,
was dich heute beschäftigt und fordert.

Wenn du im Zug unterwegs bist,
ärgere dich nicht über Verspätungen.
Keiner will sie oder strebt sie an.
Sie sind wie das Leben.
Es widersetzt sich immer wieder unseren Plänen.

Wenn du zu Fuß zur Arbeit gehst
oder mit dem Fahrrad fahren kannst,
genieße die frische Luft.
Sie soll dir Lebensatem einhauchen.

Atme durch,
wenn du ankommst.
Fülle die Lungen mit Sauerstoff
und deinen Geist mit Neugier.

Dann arbeite mit Gottes Segen.

Wegweiser

Richte dich in deinem Leben
nach dem Navigationssystem,
das dir den Weg zu den wahren Zielen weist.

Gottes Wort sei dein Lebensführer.
Seine Botschaft sei dein Helfer,
der dich im Irrtum zurückgeleitet
und dir selbst dort,
wo der Pfad dunkel und gewunden ist,
mit seiner Wahrheit leuchtet.

Was du brauchst

Bitte Gott jeden Tag,
dass er dich davor bewahre,
genau und bis aufs Letzte
zu wissen, was du willst.

Gott segne dich jeden Tag dazu,
nicht wissen zu müssen,
was du alles wirklich brauchst.

Mach dich ans Werk

Wenn du arbeitest so bemühe dich,
dass du dich dabei nicht von dir selbst entfremdest.
Vielmehr kannst du arbeitend
ganz und gar zu Gottes Ebenbild werden.
Der Sabbat steht erst am Ende.
Gottes Werk beginnt mit dem Schaffen.

Nimm die Herausforderungen und Mühen
des Tages mutig und kraftvoll an.
Gott helfe dir,
auch in den kleinsten Dingen nicht nachzulassen,
sondern Gutes zu tun und zu erreichen.

Gott gebe dir Erfolg in deinen Unternehmungen.
Er bewahre dich vor Betrug und Übervorteilung.
Er lasse dich zufrieden sein
mit dem, was du mit deiner Tätigkeit verdienst.

Gott schenke dir, dass du auch am Abend
zu dem stehen kannst,
was du am Tage getan hast.
Dann bist du auch im Schaffen ganz bei dir.

Mach es wie Gott: Mach dich ans Werk!

Teamwork

Herr,
segne uns an unserer Arbeitsstelle.
Erfülle dieses Büro mit Energie und Ideen.
Hilf uns, als Team zusammen zu arbeiten
und gegenseitig das Beste in uns zu fördern,
zu dem wir fähig sind.
Lass uns effizient arbeiten
und zielorientiert sein.
Mögen wir uns gegenseitig
und als einzelne nicht überfordern.
Möge Harmonie und Geborgenheit
unser Arbeitsklima bestimmen
und lass uns Verständnis haben
für unsere Grenzen.

Worte, die zählen

Gott, segne mich und hilf mir,
lieber ein Mensch von wenigen Worten
als ein Schwätzer ohne Substanz zu sein.

Lieber kurz angebunden,
als andere Menschen stets am Gängelband zu halten.

Lieber keine großen Versprechungen zu machen
als die vielen kleinen nicht zu halten.

Lieber es einmal gewittern zu lassen
als immer bewölkt im Gemüte schlechtes Klima
zu verbreiten.

In der Politik

Du hast dich entschlossen,
Verantwortung zu übernehmen
für das Gemeinwesen.
Lass das Gemeinwohl
immer im Zentrum
deiner Bemühungen sein.
Suche nicht zuerst deinen Vorteil
oder jenen deiner Partei.
Gott hat dir Gaben geschenkt,
die du dafür benutzen sollst,
dem Ganzen
und nicht nur einem Teil zu dienen.
Vermeide alles,
was dich erpressbar machen könnte.
Sei authentisch und ehrlich.
Lüge die Menschen,
die dich wählen sollen, niemals an.
Arbeite an der Gestaltung der Welt
mit Anstand und Respekt
vor dem politischen Gegner.

Verliere nie deine Würde.

Dein Lächeln

Möge dein Lächeln
immer offen und ehrlich sein,
nie falsch und aufgesetzt.

Mögen deine freundlichen Worte
stets aus deinem Herzen kommen,
nie strategisch
und mit heuchlerischer Absicht gesprochen sein.

Mögen deine guten Werke
nicht als Marketing von dir promoted
und von dir getan werden,
um in den Augen der Öffentlichkeit
geachtet zu sein und wertgeschätzt.

Dein Lächeln, deine Worte und deine Taten
sollen einfach Zeugen sein
von dem Menschen, der du bist.

Polizistensegen

Wann immer ich diese Uniform trage,
lass mich auf dich schauen, Herr.

Gewähre mir deinen Segen.
Lass mich für die Menschen,
deren Sicherheit mir anvertraut ist,
Wächter und Schutz sein.

Gib mir Klugheit und Vorsicht,
dass ich den Menschen
mit der Gewalt meiner Waffen nicht schade.

Lass mich in schwierigen Situationen
ruhig und besonnen bleiben,
damit ich meine täglichen Aufgaben
mit der Sorgfalt und Besonnenheit erfülle,
die die Bürger von mir erwarten dürfen.

Online

Online zu sein
ist heute ein Grundbedürfnis der Menschen.
Sie brauchen es in der Arbeit,
in der Freizeit,
für die Kommunikation mit den Mitmenschen.
Sie sind davon abhängig,
um ihr Leben zu gestalten
und sich in vielen Bereichen kundig zu machen.
Online zu sein mit Gott
scheint für viele dagegen
kein Grundbedürfnis mehr darzustellen.
Ist er offline oder sind wir es?
Wenn du online bist,
vergiss Gott nicht im „Off".

Nimm ihn mit in dein Netz!

Pilotensegen

Herr,
Ich danke dir, das Privileg zu haben,
ein Flugzeug fliegen zu dürfen.

Ich darf in den Himmel aufsteigen
und die Erde wird klein unter meinen Augen.

Schenke mir stets
die notwendige Sorgfalt,
alle Sicherheitsvorkehrungen einzuhalten.

Segne die Passagiere,
die sich mir anvertraut haben,
damit ich sie sicher an ihr Ziel bringen kann.

Lass immer neu die Perspektiven,
die sich mir beim Fliegen offenbaren,
auch in meinem Leben wirksam werden.

Gnade und Barmherzigkeit

Gnade erkennen wir dann,
wenn Gott uns gute Gaben schenkt,
die wir nicht verdienen.

Barmherzigkeit erkennen wir dann,
wenn Gott uns vor Schlechtem bewahrt,
das wir verdient hätten.

Segen erkennen wir dann
wenn Gott beides,
Gnade und Barmherzigkeit,
in Fülle uns gewährt.

Für Wissenschaftler

Du hast uns Menschen nicht nur Neugier
in die Seele gepflanzt,
sondern auch die Fähigkeit,
die Welt zu hinterfragen.

Du willst, dass wir unsere intellektuellen Begabungen
benützen und gebrauchen,
um die Zusammenhänge in der Welt
zu untersuchen und zu verstehen.

Du hast uns dadurch ausgezeichnet,
mit unserem Wissen
die Welt und das Leben in ihr zu gestalten.

Lass uns mit unseren Gaben und Einsichten,
mit unserem Verstehen und Analysieren
und der Fähigkeit, die Welt zu verändern,
verantwortlich umgehen,
damit auch morgen noch geforscht
und verstanden werden kann.

Wissenstürme

Segne mein Forschen und Studieren
und meine Suche nach Wahrheit.

Lass mich verstehen,
was ich lese.

Lass mich Edelsteine der Weisheit entdecken,
von kritischem Verstand geläuterte Daten.

Lass mich Türme des Wissens erbauen,
Wolkenkratzer der Vernunft.

Hilf mit deinem Geist,
dass ich dabei Dinge erkenne,
die Menschen Nutzen bringen
und andere zum Weiterforschen anregen.

Schenke mir jenen Geist der Unterscheidung,
dass ich Wahres von Falschem zu trennen vermag.

In der Krankenpflege

Herr,
lass mich deine Hände und deine Füße sein,
wenn ich mich aufmache
zu den Kranken und Pflegebedürftigen.

Lass mich der Fußabdruck deiner Liebe
in ihrem Leben sein
und der Fingerabdruck deiner Zuwendung
zu uns Menschen.

Lass mich für sie Quelle der Kraft
und der Hoffnung sein.

Sei gegenwärtig, wenn ich spreche
und wenn ich ihnen zuhöre.

Tröste durch mich,
die schwach und verzweifelt sind
und gib mir den Segen,
zu ihrer Heilung beitragen zu können.

Glücksmomente im Alltagsgrau

Unerwartete Freude,
Überraschungen voller Licht,
Frieden und Vergebung,
die nicht mehr möglich schienen.
Kraft, die plötzlich wieder fließt,
Hilfe, wo kein Ausweg schien,
Liebe dort, wo vorher Hass.
Gelingen trotz mancher Rückschläge,
Erfolge, wo vorher Unvermögen quälte.

All das möge dir begegnen
und dir bewusst machen:

Gott ist bei dir und segnet dich!

Lehrer segnen

Gott, segne unsere Lehrer.
Segne ihr Engagement und ihre Inspiration.
Segne ihr Wissen und ihre pädagogischen Fähigkeiten.
Segne ihren Einsatz, Wissen zu vermitteln.

Segne ihre tägliche Arbeit,
sei sie leicht und einfach,
sei sie schwierig und anstrengend.

Lass sie für ihre Schüler
Mentoren sein und Vorbilder,
wenn sie den Samen des Verstehens
in ihre Seelen säen.

Mögen sie mehr auf ihre Stärken
und weniger auf ihre Grenzen blicken.

Mögen sie mit Freundlichkeit, Respekt und Sorgfalt
ihren Dienst an unseren jungen Menschen leisten.

Lehrersegen

Lass mich mit Hoffnung und Zuversicht
diesen neuen Schultag beginnen.

Mach mein Herz groß
und lass es stets für meine Schüler schlagen.

Lass mich sie begeistern
und zum eigenen Denken anstacheln.

Gib mir den Mut, auf dem schmalen Grat
zwischen Disziplin und Anarchie zu wandern.

Lass mich mein Wissen weitergeben.
Ich werde nichts dabei verlieren,
sondern Segen empfangen von dir,
der du unser aller Lehrer bist.

Junge Menschen

Du bist die Quelle,
aus der Ströme von Liebe und Gnade
in die Welt fließen
und sie lebendig machen.

Ich bitte dich:
Segne diese jungen Menschen,
ihre Herzen, Köpfe und Körper.

Segne ihren Elan und ihre Kreativität,
ihre Jugendlichkeit, ihre Risikobereitschaft
und ihre Unbesorgtheit.

Segne ihren Mut, Neues zu versuchen
und ihre Fähigkeit, Dinge zu leisten,
zu denen wir Älteren
nicht mehr in der Lage sind.
Lass sie sich Herausforderungen stellen,
vor denen wir zurückschrecken.

Segne sie, Gott und begleite sie,
damit sie nie vom Strom des Lebens
weggespült werden mögen.

Für das neue Schuljahr

Lieber Gott,
ich beginne ein neues Schuljahr.
Ich freue mich darauf,
aber ich bin auch ein bisschen nervös.

Segne meine Mitschüler,
die, die ich schon kannte
und diejenigen, die neu dazu kommen werden.
Hilf uns,
eine gute Klassengemeinschaft zu bilden
und uns zu vertragen.

Segne aber auch meine Lehrer,
die alten und die neuen.
Hilf ihnen,
uns gerecht zu behandeln
und uns Schülern die Freude am Lernen nicht zu nehmen,
sondern sie zu fördern.

Hilf uns allen gemeinsam,
in diesem Schuljahr viele schöne Dinge zu erreichen
und uns nicht aus Eifersucht zu schaden.

Blühende Phantasie

Gott schenke dir eine blühende Phantasie,
mit der du die Welt
stets in neuen Farben und Kombinationen
betrachten kannst.

Er gebe dir einen tiefen Sinn für Realismus,
mit dem du deine Phantasie
lenken und beherrschen kannst
und so verhinderst,
dass sie dich zum Phantasten macht.

Gott gebe dir die Unterscheidungsgabe,
um stets zu erkennen,
wann Phantasie und wann Realismus
notwendig sind.

Er gebe dir die Weisheit,
beides immer wieder miteinander versöhnen zu können.

Der Weg zur Schule

Mach dich jetzt auf den Weg zur Schule!
Komme dort sicher an,
bewahrt vor allen Gefahren,
die dir begegnen können.
Entdecke neue Dinge,
die du bisher nicht gekannt hast.
Verstehe neue Zusammenhänge,
die dir so noch nicht klar gewesen waren.
Hab Freude daran Neues zu lernen
und ganz in dir aufzunehmen.
Werde reich an Wissen und Verständnis.
Niemand wird sie dir je rauben können.
Sei aufmerksam
und höre nicht auf zu fragen,
denn Fragen fordern deine Lehrer heraus
und machen dich klug.
Freu dich an deinen Mitschülern,
hilf ihnen, wo sie dich brauchen.

Sei dankbar, lernen zu können.
Denn nicht jedes Kind
kann sich auf den Schulweg machen.

Mal dein Lebensbild bunt

Das einzige, das Gott nur dir
und niemandem sonst je geschenkt hat
bist du selbst.

Deine Stimme, dein Verstand,
dein Geist, deine Geschichte,
deine Visionen, deine Träume.

All das sind die Farben,
mit denen du diesen Entwurf Gottes
zu füllen vermagst.

Nutze sie und werde
zu einem bunten Bild deines Schöpfers!

Lebensmöglichkeiten

Mögest du immer auf das blicken,
was dir das Leben bereithält.

Denn dann wirst du stets Neues entdecken können.

Mögest du davor bewahrt bleiben,
auf das blicken zu wollen
was du nicht hast.

Denn dann wirst du niemals genug bekommen.

Mut zum Neuanfang
Segen zum Studienbeginn

Gott,
mit dem Beginn meines Studiums
lebe ich zum ersten Mal nicht mehr bei meiner Familie.

Du bist mein Freund.
Lass mich Menschen begegnen,
die mir zu Freunden werden.

Du bist mein Mutmacher.
Schenke mir Vertrauen in meine Visionen.

Du bist mein Lehrer.
Hilf mir zu lernen und Wissen zu erlangen.

Du bist mein Tröster.
Halte mich, wenn ich einsam bin oder Angst habe.

Du bist mein Ratgeber.
Teile meine Sorgen und Fragen.

Du bist mein Beschützer.
Ich lege mein Leben in deine Hand.

Vor Prüfungen

Gott, helfe mir,
diese Prüfung zu bestehen.
Du hast mich gedrängt,
in meinem Eifer nicht nachzulassen
und mit ganzer Kraft zu lernen.
Möge dein Geist mich jetzt führen.
Möge er mein Denken schärfen
um mein Wissen gut präsentieren zu können.
Lass mich an alles erinnern,
was ich gelernt habe,
sodass sich mit deinem Segen
auch Erfolge zeigen.

Schenke mir Gelassenheit

Himmlischer Vater,
nur dein Frieden
kann mich sicher durch die Angst
und den Stress dieses Examen geleiten.

Dein Frieden übertrifft alles Verstehen.
Ich bitte dich nur um dieses Geschenk
der Ruhe und Gelassenheit.
So werde ich imstande sein,
zu zeigen, was ich gelernt
und zu beweisen, was ich verstanden habe.

Möge deine Nähe jetzt sichtbar werden lassen,
was ich mit deiner Hilfe fähig bin zu leisten.

Ruhe bewahren

Sei bei mir in dieser Prüfung.
Halte meinen Geist wach
und mein Gedächtnis klar.

Beruhige meine Nerven
Hilf mir, mich konzentrieren zu können.

Leite meinen Weg.
Inspiriere meinen Verstand.

Erleichtere den Druck,
den ich spüre.

Gib mir Gelassenheit und Frieden in dieser Prüfung,
damit ich sie gut bewältige.

Deine Lebenssaat

Deine Lebenssaat
sei Gerechtigkeit und Aufrichtigkeit.
So wirst du Liebe ernten.

Nimm neues Land unter den Pflug,
das dir bislang noch nicht bekannt war,
bestelle es mit deinem Herzen und mit deiner Seele.
Dann wirst du den Herrn finden.

Er möge dir begegnen
und dein Leben mit Heil und Glück
überschütten!

Freie Zeit

Freie Zeit sei keine leere Zeit für dich.
Deine freie Zeit soll vielmehr gefüllt sein:

von der Liebe zu deiner Familie,
von der Freude an deinen Hobbies,
von der Kraft, die aus dem Ausruhen erwachsen kann,
von der Neugierde an den Dingen,
die in der Welt geschehen,
von der Phantasie,
die ein gutes Buch freizusetzen vermag,
von dem Glück,
das man in der Gemeinschaft guter Freunde erfährt,
von der Zufriedenheit,
die uns nach Erledigung aller Aufgaben erfüllt,
von der Ekstase der Zweisamkeit,
die sich Liebende schenken.

Freie Zeit sei erfüllte Zeit für dich!

Reisesegen

Möge die Reise,
die du heute antrittst,
immer ihr Ziel erreichen.

Mögen die Tage, die nun vor dir liegen,
all deine Wünsche und Hoffnungen
und damit ihren Zweck erfüllen.

Mögen die Begebenheiten,
die dir auf deiner Reise begegnen werden,
stets gute Erinnerungen ermöglichen.

Mögen die Menschen
in diesem Urlaub
dir zu wahren Begleitern werden.

Mögest du gesund, gestärkt,
ausgeruht und voller Energie
wieder nach Hause zurückkehren.

Möge dir Gott zu allem
seine Wegbegleitung schenken.

Denn er macht keine Ferien von dir!

Ferien daheim

Keine Arbeit,
keine Schule,
kein Stress
und kein Verdruss.

Schlafen, lesen,
Freunde treffen,
Chillen, baden,
Hobbies ausleben.

Gott schenke dir den Blick
auf die kleinen Dinge,
die du genießen kannst
auch ohne eine große Reise anzutreten.

Er lasse dich Geschmack finden
an dem, was wahrhaft Kraft zum Leben gibt:
Zeit bewusst zu erleben und zu genießen.

Lebensfenster

Mach mein Leben, Gott,
zu einem Fenster,
das Licht einlässt und Wärme,
das mit Blumen geschmückt werden kann
und Ein- und Ausblicke gewährt.

Mach mein Leben, Herr,
zu einem Fenster,
das geöffnet werden kann
um frische Luft einzulassen,
aus dem man sich herausbeugen
und die Welt um sich wahrnehmen kann.

Mach mein Leben, Herr,
zu einem Fenster,
das Schutz vor Unwetter gewährt,
das man schließen kann,
um Ruhe zu finden,
das Licht und Lärm und Kälte filtert
und so die behütet,
die dieses Fenster haben.

Blüten, die Frucht bringen

In jedem Frühling
sprießen unzählige Knospen und Blüten hervor
und verheißen Überfluss.

Nicht alle werden wachsen.
Nicht aus jeder Blüte
wird eine Frucht.

So ist es auch mit unseren Hoffnungen
nach Segen und Heil.
Wir haben sie im Überfluss,
können Wünsche äußern ohne Zahl.

Gebe Gott,
dass stets genügend davon Wirklichkeit werden,
damit wir nicht die Freude daran verlieren,
sie zu äußern.

Haus im Grünen

So grün und urwüchsig,
wie die Natur dir heute begegnet,
soll sie auch morgen noch anderen erfahrbar sein.

Hege sie.
Das ist der Auftrag,
den Gott dir am Anfang schon gegeben hat.
bau in ihr dein Haus,
ohne sie zu zerstören.

Dann wirst du segensreich
in deinem Haus leben.

Unkraut und Grünklee

Dein Leben sei ein Garten voller Pflanzen.

Mit Blumen.
Voller Liebe und Freude,
voller Gemeinschaft und Dank.

Mit Kräutern.
Sie würzen
und sorgen für einen ganz eigenen Geschmack.

Mit Unkraut.
Es scheint zu nichts zu gebrauchen,
doch es bewegt dich zur Tat:
Du rupfst, gräbst um und jätest es.
Das, was dich stört,
entfernst du.

Und möge dazwischen
auch Glücksklee wachsen.

Ihn musst du nicht pflücken,
ihn musst du nur suchen
und dich seiner erfreuen.

Tanzen vor Gott

Mit jedem Schritt preise ich dich
und springe empor, um dir nah zu sein.

Ich strecke mich mit Leidenschaft nach dir aus.
Ich hoffe, mit deiner Kraft Balance zu wahren.

Mein Tanz gehört dir,
wie ein Gebet,
wie ein Loblied,
wie ein Liebesbeweis.

Segne meinen Tanz
und jede meiner Bewegungen.

Mögen sie von dir erzählen
und andere zu dir in Bewegung setzen.

Regen wie Champagnerperlen

Dieser Regentag im Sommer
sei wie Champagnerperlen,
die das Leben erfreuen,
weil sie dich einladen
innezuhalten und zu genießen.

Dieser Regentag im Sommer
sei wie ein Zwischentief,
das dich bereit macht,
die Sonnentage wieder zu erwarten
und dich der Sonne zu erfreuen.

Dieser Regentag im Sommer
sei wie ein Sommerputz,
der alles, was in der lähmenden Hitze liegenblieb
säubert und entstaubt.

Dieser Regentag im Sommer
schärfe dir den Blick,
um einmal mit andern Augen
kleine Dinge neu zu sehen.

Vom Segen der Musik

Gott,
du hörst uns,
unsere Worte im Gebet,
unsere stillen Gedanken und Bitten
in jeder Note und in jeder Melodie,
die wir singen und spielen.

Möge unser Lobpreis
heute bis zum Himmel reichen
und unsere Herzen
sich mit dem Klang der Ewigkeit vereinen.

Mögen die Stimmen und Melodien unserer Instrumente
Werkzeuge deines Heiligen Geistes sein.

Mögen sie Licht in dunkle Orte bringen.
Mögen sie allen Menschen, die leiden,
Hoffnung und Trost spenden.

Möge unsere Musik
deinen Segen für die Welt
hörbar und erfahrbar machen.

Reich beschenkt

Wenn du wissen willst,
wie reich du bist,
dann finde heraus,
wie viele Dinge du hast,
die du nicht mit Geld
zu kaufen imstande bist.

Das ist der Reichtum,
mit dem dich Gott segnet.

Für das Miteinander

Agere contra

Wenn du glücklich bist,
dann teile das Glück.
Wenn du traurig bist,
dann lächle darüber.
Wenn du krank bist
dann denk ans Gesundwerden.
Wenn du verzagt bist,
dann springe nach vorne.
Wenn du enttäuscht bist,
dann vertraue wieder.
Wenn du Erfolg hast,
dann bescheide dich.
Wenn du in Trauer bist,
dann hoffe.
Wenn du allein bist,
dann schau auf das Kreuz.

Wenn du Segen erlangen willst,
dann werde zum Segen.

Zur Schwangerschaft

Du bist jetzt gesegnet
mit neuem Leben:

Aus eins wird zwei,
zwei werden drei,
aus einem Liebespaar werden Eltern.

Möge dieses neue Leben
in dir wachsen dürfen.

Möge es von dir getragen sein
mit aller Sorge und aller Liebe,
die es verdient.

Werde du selber zum Segen für dein Kind.

Es ist ein Geschenk von Gott,
der euch zutraut,
Eltern werden und sein zu können.

Es ist ein Auftrag dazu,
Verantwortung zu tragen
in dieser Welt
für dich und für das Leben.

Es ist ein Segen,
weil aus dem Wort *Ja*
Wirklichkeit wird.

Ungeboren, doch schon wunderbar

Du Ursprung des Lebens,
wir sehnen uns danach,
bald Vater und Mutter zu werden.

Wir zählen jeden Tag
bis zur Geburt unseres Kindes,
das so einzigartig und wunderbar ist
und zum Leben gerufen.

Lass uns diese Vorfreude auf das neue Leben,
das in unser Leben tritt,
genießen.

Segne seine Stunden schon jetzt,
wo es noch im Mutterschoß geborgen ist.

Behüte es mit deiner väterlichen Sorge
vor jedem Unheil vor und während der Geburt.

Segne die Ärzte und die Hebammen,
die sich um dieses ungeborene,
doch ganz und gar lebendige Menschenkind mühen
und schenke uns allen eine glückliche Geburt.

Vaterfreuden

Du bist jetzt Vater.
Hältst ein Kind im Arm.
Unschuldig, klein, hilflos,
abhängig ganz
von deiner Kraft, Liebe und Fürsorge.

Schau es an,
voller Freude, voller Glück,
ja und auch mit Stolz.

Du bist mitverantwortlich dafür,
dass es da ist.

Möge Gott nicht nur dieses kleine Menschenkind,
das sich dir verdankt,
segnen und behüten.

Möge er auch dir
seinen Segen in dein Herz und deine Seele hauchen,
damit du stets ganz und gar
Vater sein willst und es dir gelingt,
es auch zu sein.

Buch des Lebens

Wie ein aufgeschlagenes Buch sei dein Leben.
Mögen darin auf jeder Seite
Geschichten der Liebe zu lesen sein.

Geschichten von Verzeihen und Vergeben,
Geschichten von Trost und Vertrauen,
Geschichten von Hoffnung und Zuversicht.

Möge dieses Buch von dem gelesen werden,
der es zu Ende schreibt,
wo deine Kraft zum Schreiben schwindet.

Möge dein Leben wie ein Buch sein.
Ein Buch des Lebens,
das Gott mit seinem Segen fülle.

Enkelkinder

Gott,
das Leben, das wir schenken durften,
hat sich weiter verschenkt.
Aus unseren Kindern wurden Eltern
und wir dürfen ein Enkelkind herzen.
Sei bei diesem kleinen Kind,
halte es stets in deinen Armen.
Lass es uns wachsen sehen.
Schenke uns die Geduld mit ihm
und die Gelassenheit,
die wir mit unseren eigenen Kindern nicht hatten.
Lass es glücklich sein,
uns als Großeltern zu haben
und hilf uns,
es glücklich zu machen.

Für die Geschwister

Meine Geschwister und ich
haben eine gemeinsame Wurzel
in der Liebe unserer Eltern.

Hilf uns und segne uns dazu,
aus der Gemeinsamkeit des Ursprungs
auch die Zukunft gestalten zu können.

Vermeide Streitereien und Eifersucht
um die Zuwendung unserer Eltern.

Stärke unsere Bereitschaft,
als echte Brüder und Schwestern
geschwisterlich Verantwortung
für unsere Eltern zu übernehmen.

Bewahre uns davor,
uns wegen des Erbes unserer Eltern
zu entzweien,
sondern lass ihr wahres Vermächtnis
unsere dauerhafte Zuneigung sein.

Single, kein Einzelgänger

Wenn du allein bist,
so gebe dir Gott,
dabei nicht einsam zu sein.

Wenn du fern von deinen Lieben bist,
so gebe dir Gott,
dabei nicht fremd zu sein.

Wenn du Single bist,
so gebe dir Gott,
dabei nicht ohne Freunde zu sein.

Wenn du dich nach Liebe sehnst,
so gebe dir Gott,
dabei nicht ichbezogen zu sein.

Wenn du Single bleiben willst,
so gebe dir Gott,
dabei kein Einzelgänger zu sein.

Langjährige Freunde

Dank sei dir gesagt, oh Herr,
für diesen ganz besonderen Menschen,
den ich so lange schon Freund nennen darf.

Lass deinen Segen auf ihm ruhen.
Füll du sein Leben mit deiner Güte.

Gieße Hoffnung in sein Herz.
Lass ihn durch deine Liebe wachsen
er sei von deiner Wahrheit umgeben
alle Tage seines Lebens.

Hilf uns, unsere Freundschaft
ein Leben lang bewahren zu können.

Für den Freund / die Freundin

Gott, du Freund der Menschen,
deine Liebe zu uns kennt keine Grenzen.

Deine Bereitschaft, uns zu dienen,
ist schrankenlos.

Segne meinen Freund / meine Freundin,
deren Freundschaft du mir ins Herz gesät hast.

Segne ihre Nähe zu mir,
damit mir in ihr deine Nähe erscheint.

Segne unser gegenseitiges Vertrauen,
damit wir uns niemals
voneinander entfremden.

Segne seinen / ihren Mut,
mir Mut zu machen
und gewähre unserer Freundschaft
immer weiter zu wachsen,
damit wir gemeinsam zum Segen für andere werden.

Liebenswert

Mögest du beim Erwachen verstehen,
dass dieser neue Tag
dir von Gott nicht dazu geschenkt wurde,
den einen Menschen zu finden,
den du lieben kannst,
sondern für deine Mitmenschen
dieser eine Mensch zu werden.

Auf der Suche nach Liebe

Gott,
du hast mich erforscht
und du kennst mich.
Du hörst meine Gedanken,
du kennst meine Bedürfnisse,
du atmest dein Herz
meinen Träumen ein.
Du verstehst meine Sehnsucht,
wahre Liebe zu finden.

Ich vertraue darauf,
dass du mich jemanden treffen lassen wirst,
der für mich gemacht und geschaffen ist.
Erfülle mir diesen sehnlichsten Wunsch
meines Herzens.
Lass mich lieben können
und lass diese Liebe Erwiderung erfahren,
so dass wir als Liebespaar reich gemacht
in deiner Liebe ein Leben bauen können.

Verliebt

Ein Mensch tritt in dein Leben,
der dir alle Sinne öffnet.
Genieße die Augenblicke der Verliebtheit.
Sie sind wichtig,
aber nur der erste Schritt,
den du mit ihm gehen kannst.

Gebe dir Gott,
dass darauf noch ein zweiter folgt,
ein dritter, noch viele,
sodass du irgendwann zurückblickst
und wahrnimmst:

Wir waren nicht allein.

Starke Ehe

Du suchst nach Gottes Segen
zu einer starken Ehe?

Bedenke:
Eine starke Ehe
hat selten zwei starke Partner
zur selben Zeit.

Sie ist vielmehr dann stark,
wenn es einen Partner gibt,
der die Schwäche des anderen
zu stützen und aufzufangen vermag.

Seelenberührt

Gott schenke dir die Gnade,
niemals jemanden zu verlassen,
der deine Seele
mehr berührt
als deinen Körper.

Liebe, die verwandelt

Sei unsere Liebe
wie eine Flamme, die in unseren Herzen brennt.

Sei unsere Liebe
wie Musik, die unsere Seelen tanzen lässt.

Sei unsere Liebe
wie ein Schlüssel, der uns füreinander aufschließt.

Sei unsere Liebe
wie sanfter Regen, der unser Leben fruchtbar macht.

Gemeinsam Unterschiede lieben

Gott,
du bist das Fundament unserer Ehe.
Du bist der Boden unter unserer Partnerschaft.

Du bist der sichere Ort,
an dem wir beide verweilen können.

Du kennst die Probleme, die wir haben.
und die Gründe für diese traurige Situation,
in der wir uns als Paar befinden.

Wir bekennen dir unsere Ängste und unser Versagen
und gestehen dir unsere Verbitterung.

Wende mit deiner Liebe
den Fluss der Schwierigkeiten um.

Webe deine Liebe wieder neu
in unser gemeinsames Leben ein.

Gib uns Hoffnung und Zuversicht,
die uns hilft, an unserer Beziehung zu arbeiten.

Lass uns unsere Unterschiede überwinden,
ja besser noch sie als Bereicherung erkennen.

Wenn Kinder flügge werden

Herr,
gib mir den Mut,
Freiheit zu schenken,
wo es um die Zukunft meines Kindes geht.

Gewähre mir die Unterscheidungsfähigkeit,
das Vertrauen und die Gelassenheit,
Freiheit nicht mit Gleichgültigkeit
oder Ablehnung zu verwechseln.

Stärke mein Kind
zur eigenen Lebensentscheidung.

Hilf ihm,
mit Enttäuschungen und mit Scheitern
umgehen zu lernen.

Sei alle Zeit mit ihm und hilf ihm,
sein Glück zu finden.

Hilf mir dabei,
sein Glück als mein Glück sehen zu können.

Exotische Fremde

Fremd sind sie dir,
exotisch oder gefährlich,
du verstehst ihre Sprache nicht,
auch nicht ihre Sitten.

Bedenke:
Fremd sind wir ihnen,
exotisch oder gefährlich,
sie verstehen unsere Sprache nicht,
auch nicht unsere Sitten.
Aber sie machen sich zu uns auf den Weg
mit allem Zaudern und Zagen,
sie wagen es,
zu uns zu kommen,
in aller Angst trauen sie uns sich an.
Sie werden uns zu Anvertrauten.

Sei für sie da, segne sie
und du wirst von ihnen
Segen empfangen.

Gegner und Kameraden

Gott helfe dir,
gut, aber auch fair zu kämpfen.
Er gebe dir,
etwas beim Wettkampf zu lernen,
was bleibt, auch wenn er zu Ende ist.

Gott lasse dich stark sein,
doch niemals feindlich gestimmt
deinen Sport betreiben.

Sieh im Gegner stets auch den Kameraden.

Freu dich deiner Erfolge,
doch nie der Niederlagen anderer.

Sei ehrgeizig,
doch niemals neidisch.

Vergiss nie,
dass jeder Sport letztlich ein Spiel ist,
dessen Ziel Freude und Erfüllung
zu sein hat.

Gott gebe dir,
stets ein gutes Beispiel zu sein
und ein Vorbild für andere
und niemals um des Sieges willen
dich und die anderen zu betrügen.

Beim Fußball

Danke, oh Gott,
für diesen großen Tag.

Es ist ein Privileg und ein Segen,
Fußball spielen zu können.

Fülle uns heute mit Energie und Leidenschaft
für unser Spiel.

Hilf uns,
mit Fairness in unseren Herzen und Köpfen
zu kämpfen und zu spielen.

Gib uns den Großmut,
Erfolge und auch Niederlagen anzunehmen.

Schütze unsere Gesundheit
und unsere Körper vor Verletzungen.

Segne und behüte auch alle Zuschauer,
im Stadion, vor den Bildschirmen, wo immer sie sind.

Mögen sie Freude und Spaß
an unserem Spiel haben.

Lass unser Spiel immer ein Wettstreit sein,
nie aber Anlass zu echtem Streit.

Plagegeister

Gott, manche Menschen sind für mich wie Wespen:
Lästige Plagegeister,
die mir keine Ruhe lassen,
mir Angst bereiten,
auf die ich allergisch reagiere.

Hilf mir,
in diesen Menschen
stets auch die zu entdecken,
die wie die Wespen Nahrung suchen
und sie bei mir zu finden erhoffen.

Segne sie in ihrer Nahrungssuche
und segne mich,
sie nicht zum Stechen zu reizen.

Du und dein Nachbar

Mögen dir die Nachbarn
zu deinen Nächsten werden
und Bekannte dir zu Vertrauten.

Möge Sympathie
alle Teilnahmslosigkeit überwinden
und das Nebeneinander
Basis für das Miteinander werden.

Möge jede Einsamkeit
dir fremd sein
und das Alleinsein nicht zur Isolation.

Mögest du getragen werden
von Interesse an deinem Leben
und der Neugierde auf den Mitmenschen.

Feinde

Herr, ich bitte dich,
segne meine Feinde.
Denn ich kann es nicht.

Gib mir im Umgang mit ihnen
die nötige Höflichkeit,
die ihnen hilft,
mich nicht auch noch zu hassen.

Gewähre mir,
ihnen wenn nicht mit Liebe
so doch mit Respekt zu begegnen.

Hilf mir, zu versuchen,
zu erkennen
ob ihre Feindschaft
auf meinen Fehlern gründet
und mich dann wo möglich zu entschuldigen.

Hilf mir,
die Feindschaft auszuhalten,
wo ich nichts vermag,
um sie zu überwinden.

Gewähre mir deine Gnade,
dass ich ihnen selbst nicht zum Feind werde.

Nachfolge

Wer Christus nachfolgen will, muss großspurig sein.

Folge ihm in der Spur seiner Worte.
Folge ihm in der Spur seiner Wunder.

Folge ihm in der Spur seiner Heilungen.
Folge ihm in der Spur seiner Gleichnisse.

Folge ihm in der Spur seiner Vergebung.
Folge ihm in der Spur seiner Mahnungen.

Folge ihm in der Spur seines Leidens.
Folge ihm in der Spur seines Todes.

Folge ihm in der Spur seiner Auferstehung.
Folge ihm in der Spur seiner Liebe.

Seine Spuren sind groß.
Folge ihnen!

Gottes Segen weitergeben

Welch ein Segen,
dass du glauben kannst
an den, der dich erschaffen hat,
versöhnt und auch erlösen wird.

Welch ein Segen,
dass du in Gott deine Kraft findest
und deinen Sinn.

Welch ein Segen,
dass du beten kannst und Trost findest
in der Begegnung mit Gottes Gegenwart.

Welch ein Segen!

Aber Segen sollst du weiter schenken.
Er ist dir nicht allein gegeben.

Sei ein Segen für die,
die nicht glauben können
und keine Kraft finden im Gebet.

Zwinge sie nicht dazu,
sondern glaube, bete und hoffe
für sie.

Für Freudentage

Was ich dir wünsche

Mögest du das Leben führen,
das du erhoffst.
Möge es das Leben sein,
das du dir verdienst.

Möge es lange währen,
ohne langweilig zu sein,
beschützt ohne dich einzuschnüren,
erfolgreich ohne anderen zu schaden.

Es sei frei,
ohne auf Bindung und Beziehung zu verzichten,
reich, ohne sich auf Kosten anderer
zu bereichern.

Möge dein Leben erfüllt sein,
ohne je vollkommen ausgefüllt,
zufrieden, ohne je saturiert zu sein.

Begleitet jeden Tag
Zum Geburtstag

Schau zurück auf dein Leben
und denk an die Augenblicke,
in denen du Gottes Nähe nicht spürtest.

Mögest du keine Erinnerung daran haben!

Denn es gibt keine Zeit,
da er dir fern war,
noch ist, noch je sein wird!

Vom Tag deiner Geburt an,
den du heute erinnerst,
hat er dich stets im Blick.

Und nun, an deinem Geburtstag,
sollst du erkennen,
dass er bei dir ist
und dir, wie wir,
nur das Beste will.

An einem hohen Geburtstag

Danke für allen Segen meines Lebens:
Für meine Familie,
für meine Freunde,
für meine Nachbarn.

Danke für die Schönheiten, die ich bewundern konnte.
Für den blauen Himmel,
das Meer und die Berge.

Danke für jedes frohes Fest, das ich mitfeiern konnte.
Für so viele Geburtstage,
für phantastische Hochzeiten,
für wunderschöne Taufen.

Danke für die Vielfalt deiner Geschöpfe,
der wilden wie der zahmen.

Danke für die Bereicherung durch Musik,
Kunst und Literatur.
Für die erstaunlichen Erlebnisse meines Lebens,
für die Erfahrungen, die ich machen durfte.

Danke für das wunderbare Bild, das sich ergibt,
wenn ich alle Glücksmomente meines Lebens
wie ein Puzzle zusammenlege.

Lass mich die letzten Wege hier auf Erden
weiter in deinem Segen wandeln
und lass mich zu der rechten Zeit
lebenssatt eintreten in dein ewiges Reich.

Für meinen Vater
Geburtstagssegen

Sei nahe, oh Gott,
meinem Vater, an seinem Geburtstag.

Er wird von uns allen so sehr geliebt!

Möge sein Geburtstag
mit besonderen Momenten erfüllt sein.

Möge er eine Gelegenheit für uns sein,
sich gemeinsam zu erinnern und zu feiern.

Die Zeit schreitet voran.
Segne ihn in seinem Älterwerden.

Halte deine Hand über ihn
in seinem neuen Lebensjahr.

Möge er es in Gesundheit
und Klarheit des Geistes genießen können.

Lass ihn zufrieden sein
mit dem, was vergangen ist,
und hoffnungsvoll auf das,
was vor ihm liegt.

Für meinen Ehepartner
Ein Segen zum Geburtstag

Herr,
danke für meinen geliebten Ehepartner.
Ich erinnere mich, wie erfüllt ich war,
ihn damals getroffen zu haben
und wie glücklich,
mich ihm auf Dauer zu verbinden.
Ich bin so froh,
wie seine Liebe
unser gemeinsames Leben miteinander verwoben hat.
Ich schätze ihn so, wie er ist
und so, wie wir als Paar geworden sind.
Bitte segne ihn an diesem Geburtstag
mit Zufriedenheit und Hoffnung.

Mögen seine Erinnerungen
süß sein und frisch.

Möge er sich deiner und meiner Liebe
bewusst sein.

Möge er sich heute wunderbar fühlen dürfen
und in das neue Lebensjahr
mit Neugier und Spannung eintreten.

Zum neuen Lebensjahr

Möge das neue Jahr
für dich wunderbar werden!

Möge es deine Erwartungen nicht nur erfüllen,
sondern sogar übertreffen!

Mögen Glück und Zufriedenheit
in deiner Seele erblühen,
wie Blumen in einem gehegten Garten.

Möge jeder Tag dieses Jahres
für dich und die Menschen,
denen du begegnen wirst,
ein Segen sein!

Glück in Fülle

Mögest du gesegnet sein
und begleitet von Freude und Glück.

Es zeige sich stets ein Lächeln auf deinen Lippen.
Deine Erfahrungen seien gut, schön und angenehm,
wie Strand und Palmen im Urlaub.

Mögest du das Glück erfahren,
jeden Tag mit Hoffnung aufzuwachen,
auf Begegnungen mit dem Leben
in seiner ganzen Vielfalt und seinem Überfluss.

Möge Schönheit die Seele derer berühren,
denen du am Tag begegnest.

Mögest du voller Gottvertrauen singen können,
wenn du Liebe erfährst
und die Intimität einer Umarmung.

Mögest du den Geschmack der Freundschaft
kennenlernen und Freundschaften
nie vermissen.

Mögest du nichts verpassen von dem,
was Gott dir zu deinem Glück bestimmt hat.

Zum neuen Jahr

Möget ihr den Anfang des neuen Jahres
nicht allein erwarten müssen.
Sitzt vielmehr zusammen in Eintracht
mit Menschen, die für euch wichtig
und angenehm sind.

Hört zusammen auf die Zeit,
die zwar verrinnt,
aber ohne die ihr nicht da wäret.

Mögen Feuerfunkensterne
euch nicht nur das neue Jahr begrüßen,
sondern euch zugleich den Weg anzeigen,
der euch in diesem Jahr gewiesen ist.

Glücklich werden

Du fragst,
wie du glücklich werden kannst?

Lass gehen,
was vorüber und vorbei ist.

Sei dankbar für das,
was bleibt.

Schau stets nach vorne, auf das,
was auf dich zukommt,

Denn der, der es dir schickt, ist Gott,
der Herr über das was war, was ist und was sein wird.

Neugeboren zum Leben

Himmlischer Vater,
segne dieses wunderschöne neugeborene Kind.

Möge sein Herz lieben können
und geliebt werden.

Mögen seine Hände
stets beschäftigt sein.

Mögen seine Augen
die Schönheit deiner Welt erblicken.

Mögen seine Ohren
hören, was gut und was wahr ist.

Möge seinen Mund
voller Freude singen können.

Mögen seine Füße
auf den Wegen wandeln,
die zu Liebe und Glück führen.

Möge sein Geist
voller Hoffnung und Vergebung sein.

Möge es dich als Vater kennenlernen
und dereinst in deinem Reich leben.

Von Kindern lernen

Schau auf dieses Kind
und erkenne in ihm Gottes Segen in dieser Welt:

in seiner Freude an kleinen Dingen,
im fröhlichen Spiel,
in seinem staunenden Blick,
in seinem überschwänglichen Geplansche
    im Schwimmbecken,
in seiner ernsthaften Beschäftigung mit einem Spielzeug,
im ständigen Wiederholen,
in seiner großen Neugierde,
im Berichtenwollen dessen, was es bewegt,
in seiner Bereitschaft zum Teilen,
in seiner Fähigkeit zum Weinen,
in der Unmittelbarkeit seiner Gefühle.

Es gibt so vieles, was Kinder zum Segen werden lässt.
Bewahre dir stets etwas davon, wenn du erwachsen bist.

Original

Nicht zwei Menschen in dieser Welt
sind ganz identisch.
Sonst wären sie Kopien.

Nicht zwei Momente in deinem Leben
sind ganz identisch.
Sonst wären sie ein einziger.

Nicht zwei Gedanken,
die uns erfüllen und beschäftigen,
sind ganz identisch.
Sonst wären sie Wiederholungen.

Sei einfach identisch
mit dem Bild, dass Gott von dir hat.
Dann bist du ein Original!

Zur Taufe

Möge Gott, von dem alles kommt,
und der dich im Leib deiner Mutter geformt hat,
dich an diesem Heiligen Tag
auf ewig zu seinem Kind erklären.

Er behalte dich an jedem Tag im Auge
und behüte dich wie seinen Augenstern.

Er berge dich in seiner Liebe
wie eine Mutter ihr Neugeborenes.
Er behüte dich auf deinen Wegen
wie ein Vater sein neugierig laufendes Kind.

Er mache dich stark und bereit
für die Reise, die Leben heißt,
damit du in dieser deiner Welt ihn bezeugen kannst
und immer glaubwürdiger wirst,
was du jetzt bist:
ein Christ.

Tauf-frisch

Möge dir heute
Leben tauf-frisch
eingepflanzt werden.

Wir dürfen dich auf staunenden und
glücklichen Händen
nach oben heben.

Sei du stets verbunden mit dem,
der in dir einen Schatz entdeckt hat
und alles,
sogar sich selbst,
gegeben hat,
damit dein Leben
immer wertvoll bleibe.

Von Kopf bis Fuß gesegnet

Gott segne deine Augen,
dass sie Schönes sehen können.

Gott segne deine Ohren,
dass sie offen sind für die Stimmen deiner Nächsten.

Gott segne deine Nase,
dass du die Düfte und nicht nur den Gestank
dieser Welt wahrnimmst.

Gott segne deine Zunge,
dass sie nichts Verletzendes von sich gibt.

Gott segne deine Hände,
dass sie stets das Richtige tun.

Gott segne deine Füße,
dass sie auf seinen Wegen gehen können.

Gott segne deinen Leib,
dass du ihn pflegst und ihn achtest.

Gott segne deinen Verstand,
dass er offen und kritisch bleibe.

Gott segne deine Seele,
dass sie rein und gut bleibe.

Gott segne dich ganz und gar,
dass du ein Segen wirst.

Zum Schulanfang

Heute ist ein großer Tag für dich.
Du bist jetzt ein Schulkind.

Viele Dinge mögen dir begegnen,
die dir Freude machen.

Vieles kannst du lernen
und mit neuen Menschen
tolle Sachen erleben.

Der liebe Gott begleite dich dabei!

Er helfe dir, das, was wichtig ist,
ernst zu nehmen
und das, was nicht gelingt,
mit einem fröhlichen Lachen im Gesicht
zu vergessen.

Denn morgen wartet wieder ein toller Schultag
auf dich!

Im Spiegel der Liebe Gottes

Schau in den Spiegel der Liebe Gottes
und erkenne darin,
wie er dich sieht.

Sieh deine Offenheit.
Sieh deine Phantasie.
Sieh deine Neugier.

Schau in den Spiegel der Liebe Gottes
und erkenne darin,
wie er dich sieht.

Sieh deine Würde.
Sieh deine Begabungen.
Sieh deine Fähigkeiten.

Schau in den Spiegel der Liebe Gottes
und erkenne darin,
wie er dich sieht.

Sieh deine Möglichkeiten.
Sieh deine Aufgaben.
Sieh deine Berufung.

Schau in den Spiegel der Liebe Gottes
und erkenne darin,
wie er dich sieht.

Zur Erstkommunion

Heute feierst du das Fest deiner ersten Hl. Kommunion.
Möge es dir deine Freundschaft mit Jesus
bezeugen und vertiefen.

Diese Freundschaft werde stark
und die Worte,
die du mit Jesus teilst,
seien freundlich und liebenswert.

Mögest du von Jesus, deinem Freund,
immer in eine gute Richtung
geleitet und begleitet werden,
die dich glücklich und zufrieden macht.

Vergiss dabei niemals,
Danke zu sagen dafür,
dass er dir alle Tage deines Lebens
zur Speise werden will.

Von diesem Brot, das Jesus selbst ist,
sollst du nie genug bekommen.
Aber bedenke:
Schon ein kleines Stückchen
wird dich satt machen und wohl genährt.

Zuhause im Buch der Bücher

Möge dieses Buch der Bücher,
das dir in die Hand gelegt wird,
dir zum lichtdurchfluteten Haus werden.

Durch seine Fenster
strahle dir die Liebe Gottes entgegen.

Seine Mauern mögen dich mit festen Lettern
behüten und bewahren
vor der Kälte der Gottferne.

Die Verheißungen,
die du hier finden wirst,
seien Zusagen
für Gottes Gegenwart in deinem Leben.

Neue Generation
Segen zum Schulabschluss

Gott,
wir bitten dich für diese neue Generation,
die jungen Frauen und Männer von heute.

Mögen sie in ihrem Suchen
nach der Wahrheit, dem Guten und Schönen,
dich finden und verehren:

im Hören ihrer Musik,
in ihrer Kunst und Literatur,
in ihren Tänzen,
in ihren Diskussionen
und in ihrem Sport.

Mögen sie Liebe erfahren
in ihren Familien und mit ihren Freunden.

Mögen sie Visionen und Träume entfalten
und täglich neue Phantasieberge besteigen können.

Mögen sie alle Talente und Begabungen,
die du ihnen geschenkt hast,
nutzen und verantwortlich gebrauchen.

Geschafft!
Nach bestandenem Examen

Ich danke dir, mein Gott,
dass du bei mir warst in dieser Klausur.
Dass du mir die Kraft verliehen hast,
zu zeigen, was ich wusste.

Dank sei dir gesagt
für deine Begleitung
während der Prüfungsvorbereitungen,
wo du mich wach hieltest
und vor Verzweiflung und Resignation bewahrtest.

Segne meine Kommilitonen
und alle, die diese Prüfung auch abzulegen hatten.
Mache sie nun zufrieden und entspannt
und offen für das Kommende,
das uns in der Zukunft erwartet
und uns aufs Neue fordern wird.

Für den Verlobten

Danke Gott für meinen Verlobten.
Danke für seine Freundlichkeit.

Danke für seine Aufmerksamkeit.
Danke für unsere großartigen Gespräche.

Danke für unser gemeinsames Schweigen.
Danke für den Genuss der Zweisamkeit.

Segne ihn.
Wache über sein Leben.

Hilf mir, ihn zu lieben und zu stärken.
Gib uns die Kraft und den Glauben,
ein gemeinsames Leben aufbauen zu wollen.

Und gib, dass wir nicht wie Blätter im Sturmwind
beim ersten Streit vom Baum unserer Liebe verwehen.

Der Bund fürs Leben
Zur Hochzeit

Mögest du den Menschen,
mit dem du heute
den Bund fürs Leben eingehst
stets wachküssen wollen
und ihm auch den Kuss zur guten Nacht
niemals vorenthalten.

Möge der Ring, den ihr euch heute ansteckt,
stets mit Stolz getragen werden
und niemals mit Reue versteckt.

Mögen die Worte,
die ihr euch heute zusprecht,
immer in euren Herzen widerhallen
und nicht wie eine ferne Erinnerung
dereinst je verblassen.

Möge die Kerze, die ihr heute entzündet,
euch immer wieder Licht spenden
und niemals unbeachtet abgebrannt
vergessen werden.

Das neue Heim
Zum Einzug

Möge das neue Heim,
das ihr bezieht,
nie zum Gefängnis für euch werden.

Möge es offen sein
für Freunde und Familie.

Möge es ein Lebensort
und nicht nur eine Schlafgelegenheit für euch sein.

Möge hier gekocht und gegessen,
geliebt und gelacht werden.

Möge es weder aseptisch ungemütlich,
noch lieblos zugemüllt erscheinen.

Möget ihr euch hier wohl fühlen können.

Segen der Ernte
Zum Erntedankfest

Ich danke dir, oh Herr,
für deine Natur und Schöpfung,
die du mir anvertraut hast.
Ich danke dir, oh Gott,
dass du uns die Sonne
und den Regen geschenkt hast.
Ich danke dir für das neue Wachstum,
das aus fruchtbarem Land aufsteigt.
Ich danke dir für die Getreideernte,
für das nährende Brot,
das daraus gebacken wird.
Ich danke dir für Obst und Gemüse,
die du auf meinen Feldern und Plantagen
wachsen ließest.
Ich danke dir für die frische Milch
und für die Eier.
Ich danke dir für die Tiere,
die uns Fleisch und viele andere Gaben bereitstellen.
Sie nähren uns
und bewirken so vieles Gute für uns Menschen.

Segne alle diese Gaben der Natur
und gib, dass ich sie mit Sorgfalt hege.

Zur Weihe

Du bist geweiht.
Du gehörst dir nicht mehr allein.
Du bist bestimmt
zu einem Auftrag für Gott und die Menschen.

Möge diese Bestimmung dich frei machen
von falschem Statusdenken.

Möge dir deine Weihe helfen,
dich mehr in den Dienst nehmen zu lassen
als andere in Anspruch nehmen zu wollen.

Mögest du den Anspruch Gottes groß
und deine Ansprüche klein schreiben können.

Mögest du zum Alter Ego dessen werden,
der dich in der Weihe bestimmt hat,
es zu sein.

Für schwere Stunden

Mit Gott über Mauern springen

Manchmal scheint es
nicht weiter zu gehen.

Eine Mauer, eine Felswand
beendet den Weg,
stellt sich uns entgegen.
Wir kommen nicht durch:
Gehemmt, gelähmt, unbeweglich.

Möge dann der in dein Leben treten,
der den Durchbruch schafft,
mit dem es weitergeht,
der jede Trennwand beseitigt,
der Lähmungen heilt,
Hemmnisse überwindet
und neue Bewegung freisetzt!

Kreuzungen

Du stehst an einer Kreuzung.
Welchen Weg sollst du gehen?

Nach vorne?
Die Zukunft ist ungewiss.

Nach rechts oder links?
Ist das Fortschritt?

Zurück?
Heimat oder Gefangenschaft?

Einfach stehen bleiben?
Ist das Leben?

Mögest du im Kreuz
erkennen dürfen,
dass jeder Weg sich lohnen kann,
wenn du ihn nur gehst.

Gebet eines Zweifelnden

Ob es dich gibt,
vermag ich nicht zu sagen.
Viel zu viel spricht gegen dich,
als dass du mir selbstverständliche Wahrheit wärest.
Ich zweifle an deiner Existenz,
nicht weil ich böse bin oder Agnostiker.
Ich sehe das Leiden so vieler Unschuldiger
und fühle mit ihnen ihren Schmerz.
Ich möchte Trost für sie
im Hier und Heute.
Doch sehe ich nur Vertröstung
auf eine Zukunft,
die jenseitig ist.
Segne mich in meinen Zweifeln,
segne meinen Zweifel.

Wenn es dich gibt,
dann segne mich.

Familienzwist

Gott, du willst uns als Familie zusammenführen.
Du bist die Quelle der Vergebung und der Versöhnung.

Wir befinden uns in unserer Verwandtschaft
in einer sehr schwierigen Situation.

Obwohl unsere gegenseitige Liebe
nicht erloschen ist,
verstehen wir uns nicht,
verletzen wir einander
und pflegen kaum noch Kontakt miteinander.

Unsere Familientreffen sind unterkühlt,
unsere Gespräche frostig.

Segne unsere Verwandten.
Segne alle, die zu uns gehören,
ob von Geburt an oder durch Heirat.

Lass uns den Weg der Versöhnung beschreiten
und hilf uns,
einander mit neuem Vertrauen
und mit Herzlichkeit zu begegnen.

Elternsorgen

Gott, mein Kind bereitet mir Sorgen.
Ich merke, dass meine Wünsche,
meine Hoffnungen und meine Pläne,
von ihm nicht angenommen und verwirklicht werden.
Es beschleicht mich die Angst,
dass sich dieses Kind ganz anders entwickelt,
als ich es ersehnt habe.

Hilf mir,
vor den eigenen Wegen meines Kindes
keine Angst zu haben.
Lass mich auf seinen Wegen
sein Begleiter sein.
Und gib mir Kraft, meinem Kind dort zu helfen,
wo es Hilfe nötig hat
und wo sie erwünscht ist.
Schenke mir die Weisheit,
darauf zu verzichten,
wo es sie nicht braucht.

Gott, segne mein Kind und hilf mir,
ihm zu seinem Leben meinen Segen zu geben.

Licht ins Dunkel

Ich lege vor dich,
all meine ausgemergelte Müdigkeit
und bitte um neue Kraft und Energie.

Ich lege vor dich
all meine Resignation und Frustration
und bitte um neue Geduld.

Ich lege vor dich
all meine Wut und all meinen Groll
und bitte um Verzeihung und Frieden.

Ich lege vor dich
alle meine Vorurteile und Ignoranz
und bitte um neue Einsichten.

Ich lege vor dich
all die Schattenseiten meines Lebens
und bitte um den Segen deines Lichtes.

Heile mein Kind

Heile mein Kind von seiner schweren Krankheit.
Heile es durch Hoffnung.
Heile es durch Freude.
Heile es durch Spiel und Spaß.
Heile es mit der Kraft der Liebe.
Heile es mit sanfter Medizin.
Heile es vorsichtig.
Heile alle seine Zellen.
Heile jedes seiner Organe.
Heile jeden seiner Schmerzen.
Heile es ganz und gar.
Heile und erlöse es.

Steinige Wege

Steine im Weg
sollen uns nicht nur Hindernisse bedeuten,
die wir fluchend beiseite treten,
sondern Möglichkeiten
zum Innehalten und Staunen.

Denn sie können
bestrahlt von der Sonne
Schmetterlingen und Libellen
als Ruheorte dienen.

So sind sie Segen für die Kleinen
und kleine Segen für dich.

Segen für Wütende

Ruhelos und voller Wut
suche ich nach einem Schuldigen
für meine Misere.

Ich suche ein Opfer,
auf das ich meinen Ärger übertrage.

Ich brauche einen Sündenbock
für mein Versagen.

Ich bin gefangen
von Gefühlen der Gewalt und der Rache.

Komm mir entgegen mit deinem Kreuz, oh Herr,
das jede Wut der Menschen trägt.

Segne mich mit deiner Freiheit,
die alles, was zerstören will,
loslässt und für Frieden sorgt.

Finanzielle Not

Rette mich aus meiner finanziellen Not.
Erlöse mich von der ständigen Angst,
Rechnungen nicht bezahlen
und Notwendiges nicht kaufen zu können.

Du weißt:
Ich bin schuldlos in diese Lage geraten.
Es war nicht Lust an der Vergeudung
noch Völlerei, was mich in Not gebracht hat.

Segne mich mit Helfern und Ratgebern,
die mich vor der Verzweiflung bewahren
und mir Wege nach vorne weisen können.

Innere Stärke

Möge sich deine innere Stärke,
nicht darin zeigen,
sie uns zu beweisen,
sondern die Kämpfe zu bestehen,
die niemand außer Gott
je in dir wahrnehmen wird.

In den Stürmen des Lebens

Möge Gott dein Leuchtturm sein,
der dich im Brausen der Stürme
und bei Wellengang auf hoher See
vor Felsen und Untiefen warnt
und dich mit seinem Segen zu guter Ankunft behütet.

Hilf mir, mein Kreuz zu tragen

Du kennst das Leid und die Trauer
und weißt um den Tribut,
den sie fordern.
Hoffnungslosigkeit ist dir nicht fern,
die Sackgassen des Lebens
hast du ausgemessen.

Das fade und erstickende Gefühl
unverdienter Strafe
hast du am eigenen Leibe erfahren.
Leere und Verlassenheit
hast auch du erleiden müssen.
Die Tiefen der Verzweiflung
hast du ausgelotet.
Du hast Verletzungen und Schmerz
erleiden müssen.
Sie stechen in die Seele
wie Dornen in die Haut.

Du weißt, wie ich mich fühle,
wenn Depression, Menschenfurcht und Gottesferne
mich lähmen und zerfetzen.
Sei bei mir,
trag dieses Kreuz mit mir,
damit ich mit dir auferstehen kann
zum Leben.

Verletzt

Lass den Strom der Bitterkeit versiegen.
Lass uns neue Träume entwickeln.

Erwecke neue Hoffnung
und neue Leidenschaft für die Zukunft.

Schenke uns vor allem, Herr,
den Segen deines Friedens.

Ein Frieden, der uns erlaubt,
auszuruhen und innezuhalten mit dem täglichen Streit.

Ein Frieden, der Schmerzen wegnimmt,
Wunden heilen lässt
und der Versöhnung den Weg ebnen kann.

Türen schließen

Mögest du immer
in der Lage bleiben,
Türen hinter dir zu schließen,
nicht aus Stolz,
Unfähigkeit oder Arroganz,
sondern einfach deshalb,
weil sie nirgendwohin mehr führen.

Getrennte Wege

Du und nur du, Herr,
kennst die Gründe für unseren Streit.

Wir stehen vor dir
und bitten um Frieden.

Frieden, um unser Leben
alleine gehen zu können.

Frieden, um Verzeihung zu gewähren
und Bitterkeit zu überwinden.

Frieden, um die Verletzungen der Vergangenheit
heilen zu lassen.
und mit Respekt und Großzügigkeit
auf unterschiedlichen Wegen
eine neue Zukunft beginnen zu können.

Segne uns,
wenn wir nun getrennte Wege gehen.

Tränen fließen lassen

Gott gebe dir die Gabe
der Tränen.

Sie sollen vergossen werden
über dich und über andere.

Mögen deine Tränen
immer fließen können,

nicht aufgestaut,
nicht unterdrückt.

Mögen sie dir Befreiung schenken
und deine Augen wieder klar machen
für das Leben,
das vor dir liegt.

Vom Segen Gottes

Manchmal besteht der Segen Gottes
nicht in dem, was er dir gibt,
sondern in dem, was er dir wegnimmt.

Er weiß am besten,
was ein Segen für dich ist.

Vertraue ihm einfach
und lass ihn dich segnen.

Weil du mehr verdienst

Mögest du auch dort gesegnet sein,
wo alle Pläne gescheitert
und deine Sehnsüchte geplatzt scheinen.

Denn manchmal schenkt dir Gott
nicht das, was du willst.

Er tut es nicht,
weil du es nicht verdienst,
sondern weil du mehr verdienst.

Vergebung

Oft hoffst du darauf,
dass dir Schuld vergeben werde.

Oft schaust du mit mulmigem Gefühl
auf diesen Tag der Aussprache.

Du weißt nicht, ob du fähig sein wirst,
um Verzeihung zu bitten.

Du fürchtest dich davor,
dass sie ausgeschlagen werden könnte.

Mögest du stets erkennen,
dass es deinem Gegenüber genauso geht.

Sei deshalb stark im Vergeben,
denn das ist Gottes Werk,
an dem du teilhaben darfst.

Liebe wiederfinden

Mein Herz ist gebrochen.
Ich habe das Gefühl der Liebe
in meiner Beziehung verloren.

Ich fühle mich leer und verwirrt,
verstehe nicht, wie das geschehen konnte.

Du bist, Gott, mein Fels
in Zeiten der Not.

Du kannst alles neu machen.
Erneuere meine Liebe
und sei mit deinem Segen dabei,
wenn ich sie neu zu leben versuche.

Trotzdem lieben
Ehesegen

Ich versprach zu lieben, zu achten und zu ehren
alle Tage meines Lebens.

Manchmal ist es schwer,
dieses Versprechen zu halten.

Gott, ich bitte dich,
entzünde die Liebe neu,
wo sie verblasst und ermattet ist.

Hilf uns,
unsere Bedürfnisse zu kommunizieren
und sie zu akzeptieren.

Hilf uns,
uns an gute Zeiten zu erinnern
und Zukunft miteinander zu wagen.

Hilf uns,
zu verzeihen, unsere Unterschiede zu respektieren
und sie zu genießen.
Sie sind Teil unseres gemeinsamen Lebens,
sie gehören zu uns.

Zeige du uns jeden Tag
ein schönes Bild der Liebe.

Lass uns ein gutes Wort hören
und eine Geste des Vertrauens schenken.

Mut zum Neuanfang

Gott, ich stehe vor einem Scherbenhaufen:
Menschen die ich liebte,
sind mir entfremdet.

Pläne, die ich gemacht habe,
sind gescheitert.

Hoffnungen, die mich erfüllten,
sind enttäuscht.

Hilf mir,
mich und andere
dafür nicht verantwortlich machen zu wollen.

Lass mich nicht Schuld und Verantwortung
auf andere abschieben.

Gib mir vielmehr die Kraft,
aus dem Geschehenen zu lernen

und gib mir den Mut,
neu anzufangen.

So wie du mit mir.

Im Aufruhr der Seele

Mit deinem Segen kehrt Frieden ein
in den Aufruhr meiner Seele.

Segne mich,
damit Klarheit Verwirrung überwindet.

Segne mich,
damit Weisheit meine Sorgen ersetzt.

Segne mich,
damit Zufriedenheit an die Stelle
von Ruhelosigkeit tritt.

Segne mich,
damit Sanftmut die Wut befriedet.

Segne mich,
damit Geduld die Unruhe mäßigt.

Segne mich,
damit Hoffnung durch das Leiden strahlt.

Segne mich,
damit Zuversicht die Frustration besiegt.

Segne mich,
damit Frieden einkehrt
in den Aufruhr meiner Seele.

Im Sterben begleitet

Möge der Weg,
den du nun zu gehen hast,
begleitet sein.

Begleitet von der Liebe,
die du gegeben hast;

begleitet von der Liebe,
die dir geschenkt wurde;

begleitet von der Liebe Gottes
die dich empfangen soll

und dir Ankunft
im letzten Ziel gewährt!

In der Stunde des Todes

Mögest du in der Stunde deines Todes
lächeln können
und darin das lächelnde Antlitz Gottes erkennen,
das dich anstrahlt
und dich einlädt
in sein Reich des Lichtes, des Friedens
und der Glückseligkeit!

Sei dann, in dieser Stunde,
noch ein Segen für die Mitmenschen
und bewege mit deinem Lächeln
deine Nächsten,
dich dereinst nicht bei den Toten,
sondern bei den Lebenden zu suchen
und so auch selbst
zum Leben zu gelangen!

Lichtflügel

Getragen von deinen Flügeln,
gefüllt mit Licht und voller Sonnenstrahlen,
habe ich keine Angst.

Durch das Wasser deiner Wahrheit schwimmend,
so sauber und so klar,
habe ich keine Angst.

In deiner Hoffnung schreitend,
auf Wegen befestigt und sicher,
habe ich keine Angst.

In deiner Liebe ruhend,
von Daunen gewärmt und umhüllt,
habe ich keine Angst.

Der Duft der Ewigkeit

Möge unser Leben
nie wie eine Blume sein.

Sie knospt, blüht auf in herrlicher Frische,
strahlt dann in voller Schönheit,
verblüht, verwelkt, verduftet
und vergeht schlussendlich.

Mit Glück und Bestimmung
kann sie im neuen Jahr
den Kreislauf neu beginnen.

Möge unser Leben
nie wie eine Blume sein,
sondern bei Gott
auf ewig in Blüte stehen dürfen.

Schlusssegen

Schluss - endlich?

Möge der Schluss
für dich ein Anfang sein.

Ein Anfang
für neues Nachdenken,

ein Anfang
für neue Beziehungen,

ein Anfang
für erneutes Vertrauen,

ein Anfang
für neues Leben.

Mögest du an jedem Schluss
sagen können:
Endlich!
Dann folgt ein neuer Anfang.

Register